Círculo Rojo

Es el síntoma no la causa

ES EL SÍNTOMA NO LA CAUSA

Mònica Albarrán Martí

Círculo Rojo
EDITORIAL

Primera edición: enero 2024

Depósito legal: AL 3830-2023

ISBN: 978-84-1061-158-0
Impresión y encuadernación: Editorial Círculo Rojo

© Del texto: Mònica Albarrán Martí
© Maquetación y diseño: Equipo de Editorial Círculo Rojo

Editorial Círculo Rojo
www.editorialcirculorojo.com
info@editorialcirculorojo.com

Impreso en España - Printed in Spain

Dedicado a todos los que habéis aportado un grano de arena en esta recuperación, pero, sobre todo, a Marta, por introducirme en la escritura y valorar mi talento.

Prólogo

Según internet, la definición de anorexia nerviosa es la siguiente: «La anorexia nerviosa es un trastorno de la alimentación que se caracteriza por el peso corporal anormalmente bajo, el temor intenso a aumentar de peso y la percepción distorsionada de él». Creo que todos los que hemos pasado por esta pesadilla sabemos que no es solo eso.

El error que muchos cometemos es obsesionarnos con nuestro cuerpo. Es entonces cuando lo único en lo que pensamos es en cambiarlo. Recuerdo el día en el que pasé de ver a una niña feliz con sobrepeso en el espejo a una chica muerta en vida. Porque sí, tener un TCA es vivir por y para verte delgada, y eso para mí no era vida.

Todos tenemos un detonante, un suceso que desencadenó todo. El mío, por ejemplo, fue la postpandemia. Debido a comentarios gordófobos y mucha carencia de autoestima, enfermé. Miro atrás y todo fue muy progresivo. Primero piensas en bajar un par de kilos. Buscas por internet cómo adelgazar, dietas milagrosas o rutinas de ejercicio. Porque quieres verte mejor, más sana. Luego ves progresos, pero lo quieres más y más rápido. Cuestionas tu imagen y la comparas con los demás. Entonces empiezas a hacer conductas compensatorias, y cuando te das cuenta, ya estás envuelta en la enfermedad.

Hay miles de síntomas característicos y conductas de la anorexia, como la obsesión por el ejercicio, dejar de comer o hacer ingestas insuficientes, vómitos, uso de laxantes o diuréticos, entre otras. Odiaba el ejercicio, pero con tal de quemar calorías podía estar todo el día haciéndolo. También detestaba pasar hambre, pero eso significaba que estuviese haciendo las cosas bien; estaba adelgazando.

La mayoría de las que tenemos este trastorno somos chicas adolescentes, aunque en los últimos años el porcentaje de género masculino ha aumentado progresivamente. El COVID hizo que los casos subieran; la pandemia hizo daño a muchos. Al estar todo el día en casa, no podíamos hacer las mismas cosas de siempre, y algunos gastábamos nuestro tiempo en cosas poco sanas como compararnos con cuerpos irreales o mirarnos en el espejo hasta ver a un ser repugnante, gordo y con mil imperfecciones. De hecho, muchos pacientes describen que es como tener en la cabeza algo que dirige tu vida. Algunos le llaman monstruo, otros bicho o demonio, yo le llamo parásito. Es muy parecido a él, se instala en tu cabeza y maneja tus emociones, tus acciones, tu vida.

Si nunca has tenido un TCA, no podrás comprender lo que sienten estas personas enfermas. Sientes asco, asco hacia tu persona. Sientes un deseo enorme por ser delgada, por ser perfecta y por gustar a la gente. Cuando realizas conductas anoréxicas y empiezas a ver resultados, la felicidad que invade tu cuerpo es inexplicable. Yo sentía que mi cuerpo liberaba serotonina, la hormona de la felicidad, aunque no estoy segura de si verdaderamente desprendía esa sustancia cuando veía bajar el número de la báscula. Es incomprensible para ellos, los no enfermos, poder entender cómo nos sentimos; pueden llegar a empatizar o imaginárselo, pero nunca a comprendernos del todo.

La báscula es una gran amiga de muchos, pero cuando no se porta bien o no muestra nuestro número deseado, la odiamos, la romperíamos de la ira que nos provoca, pero no podemos hacerlo. No podemos porque la anorexia nos lo impide, nos impide ser racionales, y la necesitamos para seguir vivas. Es como la heroína para los adictos, o la nicotina para los fumadores.

Normalmente, las personas con TCA tienden a querer controlarlo todo. El control era mi forma de vivir. Os hago un avance: es imposible controlarlo todo. El control nos da seguridad. Es nuestra forma de sentirnos a salvo dentro de esa tormenta, pero a veces el vaso se quiebra, y no podemos decidir si se rompe en mil pedazos o en dos cortes limpios.

Capítulo I

El espejo

Un espejo es un cuerpo opaco con una superficie lisa que refleja casi la totalidad de la luz que recibe. En otras palabras, es un objeto que refleja lo que tiene delante. Para mí, y supongo que para otras personas con TCA, ese horrendo objeto que reflejaba la silueta de mi cuerpo era una obsesión. Podía pasar horas mirando mi reflejo, comprobando que no había engordado ni un solo gramo o que mi estómago no se había hinchado más desde la mañana. Definitivamente, el abdomen mañanero era lo mejor. Más tarde, comprendí que no podía conservarlo durante todo el día a no ser que no hiciera ninguna ingesta.

Todos los enfermos por un TCA tenemos una parte del cuerpo odiada, la que menos nos gusta, a la que no paramos de observar pensando en cómo sería si la pudiéramos cambiar. La mía era el abdomen, estaba obsesionada con que fuera plano. Admiraba a esas preciosas modelos que lo tenían completamente recto. Quería tener la barriga lisa, ese era mi objetivo.

Es muy habitual que las mujeres no tengamos el abdomen totalmente plano, ya que ahí tiene que caber todo el aparato reproductor femenino y otros órganos. Además, como algunos sabréis, cuando nos llega la menstruación nuestra barriga se hincha. Cuando me llegaba el periodo, no podía verme. El aspecto de mi cuerpo era intolerable para mí. Inaceptable. Me daba asco. Esos días, cada vez que veía mi cuerpo en algún reflejo me volvía loca, no soportaba verme así. Pero bien, ese problema no duró demasiado. Mi cuerpo no aguantó y se me fue la regla, debido a que estaba tan delgada que para mi cuerpo no era una prioridad menstruar, sino que su objetivo era mantener mi cuerpo con vida, calentar mis órganos y conseguir que el corazón bombeara sangre. Era una lucha constante por sobrevivir, y, como consecuencia, tuve que dejar de menstruar para seguir con vida. Pero eso ya os lo explicaré con mejor detalle en otro capítulo.

Pensé en romperlo, el espejo, digo, pero mi relación con él era muy parecida a la de la báscula. No podía deshacerme de él porque lo necesitaba. En serio, os aseguro que en cada reflejo que veía revisaba mi cuerpo: el rostro maquillado a causa de las ojeras provocadas por el insomnio, mi clavícula marcada que se parecía a la de un esqueleto, el abdomen plano, el hueco de la entrepierna que se forma cuando no hay grasa en las piernas, y, por supuesto, ningún rastro de celulitis que indicara que había grasa en mi cuerpo. Algunas veces hasta llegué a pensar que los espejos de mi casa estaban trucados. Un día me veía aceptable y al otro no me toleraba. la distorsión de la imagen corporal de mi cuerpo estaba cada vez más presente. Me volvía loca delante de cualquier espejo, agonizaba desde el silencio, sentía que me ahogaba.

Cuando tocaba revisarse después de comer, me daba pavor acercarme a él. No sabía cómo sería nuestro encuentro.

Para mí, casi siempre solía ser desagradable, menos cuando mostraba lo que más ansiaba, ese cuerpo huesudo que daba miedo, pero que a mí me gustaba. Estaba orgullosa de verme así, pero no era suficiente. Necesitaba perder más peso, necesitaba que se marcaran más mis clavículas, necesitaba que se me vieran más las costillas y que mis muñecas se estrecharan más. Lo ansiaba.

Cuando digo estos deseos de mi TCA, la gente se asusta. Piensan que estamos locos. Y es que no están del todo desencaminados. Sí que estamos locos, locos por ser delgados. Ese es nuestro único propósito.

Confieso que alguna vez lo intenté romper, me frustraba mucho no verme como quería. Pero cuando lo intentaba no tenía la suficiente fuerza de voluntad. Era raro, podía pasar varios minutos observando el reflejo mientras mi corazón se iba rompiendo, y las lágrimas brotaban de mis ojos.

Y, por supuesto, la vergüenza. La vergüenza, un punto fundamental en todo esto. Recuerdo que algún día mis padres me pillaron escondiendo la barriga delante del espejo, revisando mi cuerpo. El sentimiento de vergüenza invadió mi cuerpo, y con él la ira, no quería que nada ni nadie me viera, los quería lejos, y estaba dispuesta a hacer de todo: gritarles, empujarlos o amenazarlos. Supongo que desde su punto de vista sería muy repentina esa situación, no entendían por qué su hija les estaba chillando, igual que tampoco sabían lo que pasaba por mi enferma cabeza y en que, tiempo después, recibirían un diagnóstico inesperado. Pero tiempo al tiempo.

Si os soy sincera, no sé qué más decir sobre el espejo. Quizás queréis saber más en cuanto al sentimiento que los enfermos sienten al verse reflejados en un monstruo, tal vez os hayáis identificado con estas palabras, u os hayáis abrumado tanto que hasta se os haya formado ese nudo en la garganta tan común en estados de nerviosismo o incomodidad.

Capítulo II

Conductas y resultados

Solía pesarme cuando me despertaba, esa era la primera cosa en la que pensaba al levantarme. Las ansias me carcomían por dentro. La gran duda: ¿habrá subido o bajado la cifra? Era realmente excitante si el número había bajado. Me sentía bien, poderosa, orgullosa de mí misma. Sí, definitivamente lo estaba, pero si había subido, era muy recomendable no estar cerca de mí. Podía convertirme en otra persona, destruir cualquier cosa. Porque estaba rabiosa, furiosa, con ganas de romperlo todo. No entendía por qué, si estaba haciendo tantos esfuerzos por adelgazar, la báscula indicaba que había subido de peso. Era capaz de menospreciar a mis padres, ser antipática con mis amigos y discutir con todo lo que se interpusiera en mi camino. Estaba irritable. Tenía un cúmulo de ira, unas ganas de llorar incontrolables y un enorme deseo de aniquilarlo todo completamente. Todo por culpa de un maldito número en una vieja báscula que ni siquiera funcionaba bien.

Acto seguido solía planificar en mi mente las calorías que consumiría ese día. Aprendí qué alimentos eran más calóricos y que otros lo eran menos. Era incluso intrigante descubrir el valor energético de un plato que desconocía. A veces me sorprendía, y me permitía saciar mi estómago con alimentos poco calóricos. Aunque muchas veces me asustaba, me negaba a comer ese plato porque no estaba dentro de mi plan de calorías diarias. Ni una más, y si por el remoto caso me pasaba, me obligaba a compensarlo.

En el desayuno solo comía una gelatina, era casi saciante. Ese manjar a base de agua y edulcorantes me daba muy poca energía. Así que, para silenciar mi estómago, pasaba toda la mañana bebiendo agua y masticando chicles. Incluso memoricé las calorías que gastaba masticándolos. En la escuela tiraba el bocadillo, no estaba dispuesta a comer pan o algún tipo de embutido. Sentía mucha envidia de mis amigas, ellas podían desayunar galletas o dulces sin sentir esa culpabilidad que invadía mi cuerpo siempre que comía algún alimento prohibido, que son aquellos que nos dan miedo. No podemos soportar la idea de que esa comida tan sumamente calórica y poco sana sea ingerida por nuestro cuerpo y posteriormente convertida en grasa, acumulada en alguna parte horrorosa y repugnante del cuerpo.

Al mediodía me sentía obligada a almorzar. Acostumbraba a prepararme el almuerzo mi abuela y me daba pena desperdiciar esos platos que con tanto amor solía elaborar. Ya sabéis cómo son las abuelas: mucha comida siempre en el plato, y no precisamente sana, y nunca quedan satisfechas si no dejas tu plato limpio. A desgana, pero sin delatar mi poco entusiasmo, comía el plato casi entero; siempre dejaba un poco, excusándome con que me dolía la barriga o ya estaba llena.

Después de cada ingesta me obligaba a compensarlo con ejercicio. Iba a mi casa y empezaba con los ejercicios cardiovasculares (también conocidos como «cardio»). Según yo, era la mejor manera de quemar grasa. Muchas veces paraba, sentía un ligero mareo que me indicaba que si no hacía una pequeña pausa me desmayaría. Después de unos pocos minutos de descanso, volvía a montarme en la bicicleta estática. La detestaba. Indicaba el tiempo, velocidad, pulsaciones y calorías gastadas durante ese periodo de actividad física, o más bien mental, porque no paraba de calcular cuántos minutos eran necesarios hacer para no sentirme culpable. Era realmente un aparato inútil y aburrido. Estaba harta de mover los pies arriba y abajo, entonces solía ponerme una serie para hacer más ameno esos minutos de tortura. Con la ayuda de un reloj inteligente lograba saber los pasos que hacía y de ese modo las calorías que consumía caminando. Dejé de ir a muchos sitios en coche con tal de poder hacer alguna caminata extra, y solía andar por casa para sumar más pasos.

Luego continuaba con mi vida normal, iba a las extraescolares que me tocaban y los findes quedaba con mis amigas. Era un suplicio para mí, ese tiempo que estaba quieta sin hacer nada era horrible, solo contaba los minutos para poder ir a casa y escapar de todas esas tentaciones que ellas disfrutaban comiendo. Intentaba oler los dulces o gominolas que comían con tal de satisfacer mi estómago, pero no me saciaba. A veces incluso les ofrecía dulces para que yo no me sintiera tan culpable, aunque de vez en cuando me atrevía a comer un bocado de alguna galleta o pasta, pero eran tan fuertes mis pensamientos, la culpabilidad y el agobio que mi mente colapsaba. Empezaba a ver puntos negros que indicaban que en unos minutos empezaría el típico dolor característico de la migraña. Cuando sufría esos dolores, la única solución era dormir y dejar descansar mi mente por un rato.

Da pena cuando empiezas a mentir a tus padres. Cuando los manipulas. Cuando les dices que ya has cenado con tus amigas, cuando mientes diciendo que no tienes hambre, pero morirías por un bocado de algo, algo que no tenga sabor a agua, gelatina o chicle de fresa. Cuando te preguntan por esos ruidos nocturnos en tu habitación y mientes diciendo que ibas al baño cuando en verdad estabas haciendo abdominales. Eso daba pena, pero me daba igual. Estaba consiguiendo justo lo que quería, y si para ello tenía que jugar con la mente de mis familiares o amigos, estaba más que dispuesta a hacerlo.

Era un esfuerzo monumental, calcular y planificar las ingestas, con tal de tener el control de mis calorías. Era fatigante hacer ejercicio excesivo. Era agotador fingir que todo iba bien y repetirlo cada día, pero cada vez con menos energía.

Uno de los peores momentos del día era la noche: me iba durmiendo ansiosa, pensando en cómo serían esos abrumadores minutos antes de subirme a la báscula y observar cómo un objeto era capaz de controlar mi vida. He de confesar que sus resultados me enamoraron. Mis piernas empezaron a ser más delgadas, mi cintura se estrechó, también lo hicieron mis muñecas, dedos y nariz. Mis pechos se quedaron igual al de una niña, mi trasero disminuyó mucho, y huesos como la clavícula, pómulos y columna sobresalían de mi cuerpo y se marcaban debido a que había un porcentaje bajo en grasa. Definitivamente, estaba cegada por ese cuerpo delgado y bonito que me aportaba felicidad. Aunque tampoco se le podría llamar felicidad, más bien era un sentimiento de satisfacción y bienestar.

Lo malo de esta enfermedad es que las capacidades cognitivas racionales de los enfermos se esfuman, desaparecen. El enfermo no puede distinguir entre un cuerpo sano y uno que da miedo, que no podrá mantenerse vivo mucho más tiempo si sigue así. Yo y muchos dábamos miedo, nuestro cuerpo daba miedo. Pero nos encantaba nuestro nuevo cuerpo, aunque queríamos más, y estábamos dispuestos a pagar el precio que fuera necesario. Nos daba igual marearnos, sentirnos agotados o incluso desmayarnos. Esos síntomas nos confirmaban que estábamos haciendo las cosas bien, y a cambio obtendríamos un maravilloso resultado.

Pero, como he dicho antes, para un anoréxico nunca hay un peso ideal. Sí es verdad que tenemos un peso meta, pero cuando llegamos solemos querer más, más y más y nunca es suficiente para nosotros. Sentía como si un parásito se hubiera instalado en mi mente, me dominara y controlara mi vida por completo.

Capítulo III

Autolesiones

La mayoría de la gente piensa que las autolesiones son conductas de locos, que no sirven para nada más que para llamar la atención de los demás. Personalmente, pienso que no tiene nada que ver. Las autolesiones sirven para descansar la mente y evadirte de los problemas, convertir el dolor mental en físico con la finalidad de dejar tus problemas atrás y solo sentir cómo el filo de la hoja corta tu piel y deja fluir la sangre por tu cuerpo. Es entonces el único momento del día en el que sientes paz, paz mental. Ya no piensas en calorías, ejercicios u otros problemas, solo sientes calma, una tranquilidad inmensa invade tu cuerpo y mente mientras la herida se abre. Pero esta sensación solo dura unos segundos, después los problemas vuelven a aparecer y, con ellos, la culpa.

Aunque sabía que estaba mal, había veces que lo necesitaba. Sobre todo, lo solía hacer por la noche, cuando el agotamiento y la culpa llenaban mis ojos de lágrimas y desesperación. No veía otra solución que cortar mi cuerpo y llenarlo de cicatrices. Qué más daba destruirlo un poco más; de todos modos, lo detestaba, no lo quería, si fuera por mí lo podrían destruirlo.

Antes de que mis padres y seres queridos supieran de mi trastorno, habían observado heridas y cicatrices en mi cuerpo. Cuando me preguntaban por ellas, un miedo invadía mi cuerpo, tenía miedo de que se dieran cuenta y que no me permitieran ese momento de descanso mental. Me bloqueaba y decía alguna excusa no creíble, como que una verja había cortado mis muñecas o un rosal había hecho sangrar mi muslo. Eran excusas realmente absurdas que nadie se creería, pero era realmente buena actuando y fingiendo que todo iba bien, así que por un tiempo los conseguí engañar. Volví a manipular a la gente que me quería.

Aparte del miedo, la vergüenza era un sentimiento muy presente en mi día a día. Me avergonzaba de mis cicatrices, que me permitirían ser juzgada por los demás, me avergonzaba de mis conductas, pero sobre todo me avergonzaba de mi cuerpo, de mi abdomen, gruesas piernas, tobillos anchos, espalda grande, estrías y celulitis. Toda yo me daba vergüenza, y eso era otro problema más con el que tenía que lidiar.

Suele darme mucho coraje cuando la gente que no tiene conocimientos sobre la salud mental nos juzga y nos otorga el nombre de locos. No estamos locos, solo que nos ha tocado vivir un infierno y lo llevamos como podemos. No, no lo hacemos para llamar la atención, lo hacemos porque no podemos más. No, no somos menos por autolesionarnos ni por hacer las conductas correspondientes a cada trastorno. Y no, no nos gusta cortarnos, no nos gusta el dolor, y no somos idiotas por hacerlo. Simplemente, es nuestra manera de llevar las cosas tan dolorosas y horribles con las que nos toca convivir. Y cuando se juzga, es porque esa persona es ignorante, no tiene conocimientos del problema y puede hablar sin sentir, porque esa persona tan afortunada no sabe lo que es carecer de salud mental. Si fuera así, no nos diría que somos unos chiflados.

Aprendí a silenciarlos, a que sus comentarios no me afectaran, a no juzgarme a mí misma. A no creerme sus estúpidas palabras que me hacían creer que estaba pirada, porque no lo estaba. De hecho, aún estoy enferma, tengo un trastorno, y de un modo u otro siempre será parte de mí, y eso no es culpa mía ni está mal.

Como consejo, recomiendo aplicar rosa mosqueta en las heridas ya curadas para minimizar el rastro de las cicatrices. Aunque no está mal que se nos vean. No está mal si alguien pregunta por ellas y dices la verdad, son marcas de guerra que nos hacen únicos, muestran a la gente que somos fuertes y estamos o estuvimos en una especie de agujero que no nos atrapó. Somos unos luchadores, no todo el mundo puede decir que es igual de resistente como nosotros.

Quiero aclarar que no estoy a favor de las autolesiones, son una especie de adicción a la que recurres cuando estás mal y que es muy difícil dejar. Y para los que estáis ya metidos en este problema, mucha fuerza. No pasa nada si recaes, no importa si las ganas vuelven y no puedes evitarlo. Al fin y al cabo, es parte del largo proceso.

Capítulo IV

Algo va mal, estás enferma

Cuando era pequeña, siempre tuve un ligero sobrepeso. Eso me llevó a una especie de exclusión social. Por ejemplo, nunca se me habría ocurrido pensar que le gustaba a un chico, porque siempre había escuchado que a los chicos les gustaban las chicas delgadas. No les podía gustar, estaba gorda y preferían a otro tipo de mujeres; más guapas, más delgadas. Tampoco podía ponerme tops o camisetas estrechas que marcaran mis lorzas, solo lo podían hacer mis amigas delgadas. Ese pensamiento me persiguió por mucho tiempo, y cuando nos desconfinaron de la pandemia hice un trato conmigo misma: iba a bajar de peso. Y cuando me propongo algo lo cumplo, no me rindo. Así que me puse manos a la obra, y mi deseo por ver a Mònica más delgada y con mejor cuerpo me hizo enfermar.

Mis padres eran conscientes de que cada mañana después de orinar me subía a la báscula y hacía un registro de mi peso, pero creo que no eran conscientes del efecto que tenía ese número en mí y de cómo influía en mi día a día.

Al principio fue muy fácil bajar de peso. Como tenía unos kilos de más no me costó mucho esfuerzo perderlos. Pero

cuando vi que después ese esfuerzo no era suficiente para seguir perdiendo peso, empecé a hacer algunas cosas un tanto
sospechosas para mis padres. En el desayuno apenas comía,
les obligaba a comprar productos *light* y con bajo porcentaje en grasas. El agua se hizo mi aliada, dejé de merendar y
comer dulces, empecé a fumar para quitar el hambre, estaba
obsesionada con la bicicleta estática, y alguna vez por la noche me habían pillado usándola. Yo les juraba y perjuraba
que quería tener una vida más saludable, pero cuando las
cosas se fueron de control y mi peso bajó drásticamente en
apenas cinco meses, mi madre actuó.

Mi madre es diabética, y va muchas veces al médico de
cabecera para seguir unos controles rutinarios. Un día fue
al ambulatorio y vio a mi enfermera de casualidad. Le dijo
que había adelgazado mucho y que estaba preocupada. La
enfermera se lo comentó a mi doctora pediatra referente. No
muchos días después llamó a mi madre y le dijo algo que la
dejó atónita.

—Es posible que, por los síntomas que me describes, tu
hija tenga anorexia. Le pediremos visita al psicólogo para
que confirmen el diagnóstico.

Mi madre supongo que se quedó congelada, impactada.
¿Cómo era posible que su hija, la que hacía cinco meses atrás
tenía sobrepeso y solo quería verse más sana, ahora tuviera anorexia?

Ese mismo día, escuché a mis padres hablando del tema. Yo
tampoco sabía del todo de qué iba la conversación, y me asusté
mucho, pero no dejé de hacer esas conductas que me concedían,
poco a poco, ese cuerpo cada vez más deseado. Más delgado.

Pasaron unos días y mi madre me comentó que unos psicólogos estaban haciendo un estudio sobre cómo había afectado la pandemia en los jóvenes, y que habían pedido mi opinión. Yo, sin demasiado entusiasmo, acepté, ¿por qué no?

A la semana siguiente me llevó a una fundación dedicada a la salud mental financiada por la Seguridad Social. Recuerdo que el día que fui iba muy desubicada, no sabía con qué me encontraría, y para nada fue lo que mi cabeza imaginaba. Una mujer relativamente joven me llamó e indicó que entrara a su consulta. Mientras, pensaba en cómo iba a compensar la comida de ese día. La mujer parecía amable, me provocaba confianza. Al principio entré yo sola, y me empezó a hacer preguntas sobre mí, sobre mis hábitos y mi relación con amigos y familia. Supongo que era normal, pensé, necesitarían datos para hacer un perfil psicológico. Me estaba empezando a estresar, quería salir de ahí y respirar. Necesitaba aire fresco para poder seguir con la sesión.

Lo que no me esperaba y me molestó es que sacara el tema de mis hábitos alimenticios. Empezó a decirme que no eran normales y a insinuar que tenía un problema. ¿Cómo se atrevía a decirme eso? Yo no tenía ningún problema, solo quería bajar un poco de peso, como todo el mundo. Empezó a decir bobadas como que mis cabellos se empezarían a desprender de mi cabeza, las uñas se quebrarían, unos horrendos mareos me acecharían habitualmente y, por último, si dejaba de comer mis órganos dejarían de funcionar.

En ese momento estaba presente mi madre. Mi reacción fue mirarla con cara de «¿A dónde me has llevado?». Estaba enfadada con todo el mundo, nadie me entendía. Además, dijo que necesitaría continuar yendo ahí para hacer un seguimiento. En unos días me asignarían una psicóloga referente que llevaría mi caso. Recuerdo que estaba furiosa con mi madre, me había engañado totalmente, me había traicionado. Todo para que un profesional que yo consideraba inepto me valorara. Tiempo después, me di cuenta de que esa traición salvó mi vida. Si no, estoy segura de que nunca habría parado.

Cuando salimos nos quedamos en silencio, ninguna se atrevía a decir nada. Estaba completamente desconcertada, no era consciente de lo que acababa de pasar. Yo solo quería llegar a casa y continuar con mis preciados hábitos y que todo el mundo me dejara en paz. Tampoco estaba haciendo nada malo, ¿no?

En los siguientes días la tensión en casa se palpaba en el aire, mi padre y yo no hablábamos. No entendía qué me pasaba. También continuaba enfadada con mi madre por llevarme engañada a ese lugar. Pocos días después llamaron a casa desde la consulta: ya me habían asignado una terapeuta, y en pocos días tendría visita.

Los cambios no me suelen sentar bien, me pongo nerviosa y negativa y quiero volver a como estaba antes. Sí, aunque es verdad que cuando pasa un tiempo me vuelvo más receptiva y empiezo aceptarlos. Con mi primera visita con la nueva terapeuta me pasó lo mismo. No entendía qué me decía, y no me parecía que me pudiese ayudar en nada. En definitiva, no me caía bien. Ella solo quería hablar de estupideces como mis amigos o la familia. Y, si iba a tener que estar ahí durante al menos cuarenta minutos, quería hablar sobre la comida. Era mi gran obsesión, podría haber pasado horas recitando las calorías de todos los alimentos y los mejores ejercicios para eliminar el valor energético del cuerpo. Pero en cuanto sacaba el tema de la comida, ella evadía mi entusiasmo y volvíamos a hablar sobre mi infancia, mis seres queridos y la relación con mi cuerpo. Yo me enfadaba, no quería hablar sobre eso. Me parecía absurdo, ¿cómo hablar de esos temas podría ayudarme en algo?

Después de muchas visitas, mucho sufrimiento y mucha incomprensión por parte de mi psicóloga, descubrí que los psicólogos no se encargan de trabajar los hábitos alimenticios en el periodo de recuperación de los pacientes. Ellos intentan localizar el problema inicial, la raíz del trastorno. Las conductas, en cambio, son los enfermeros quienes suelen encargarse de proporcionar las pautas para los enfermos. A día de hoy, me doy cuenta de que, si no hubiera pasado por ese tremendo calvario que mi madre provocó, la pérdida de peso en mi cuerpo nunca habría sido suficiente para mí. Incluso llegaría a poner la mano en el fuego al decir que podría haber tenido un final muy trágico si mi madre no hubiera arriesgado la confianza que yo tenía en ella con la intención de descubrir qué le pasaba a su hija.

Esta es una enfermedad seria. Desgraciadamente, a muchas personas el TCA les cuesta la vida, hiere a sus familias y destruye vidas con ansiosos futuros. Una persona delgada no es simplemente anoréxica. Y una persona anoréxica no es simplemente una persona delgada que se ve gorda. Los TCA son muy complejos y nunca, nunca juzgues sin saber.

Siempre se debe avisar de posibles sospechas de trastornos mentales o problemas a un profesional, madre, padre o tutor legal. Aunque sea vuestro amigo y durante mucho tiempo os odie, tenéis que hacerlo, tenéis que proporcionarle la ayuda que se merece para estar mejor. Aunque el precio sea su amistad, en este caso la opción correcta es delatarlo. Vosotros sabréis que habéis intentado ayudar a vuestro ser querido. Si eres padre o madre, haz lo mismo. No tengas miedo a que tu hijo se sienta traicionado, porque no es capaz de ver que tiene un problema. Maldita sea, ¡ayúdalo! Y si eres capaz de reconocerlo y darte cuenta del problema, pide ayuda. Nadie puede infravalorar tus problemas, ninguna persona puede menospreciarte por estar enfermo. NO TE DEJES PISOTEAR.

Al fin y al cabo, pedir ayuda es de sabios, pero sobre todo de valientes.

Capítulo V

Empieza la terapia

En las primeras visitas de terapia, los profesionales intentan conocer tu caso. Necesitan muchos datos sobre ti: dónde vives, quiénes son tus padres y amigos, las actividades extracurriculares que haces o vete a saber qué otras cosas más. Después, te informan de cómo van a tratar tu caso, si es suficiente con un número determinado de sesiones terapéuticas, con o sin medicamentos psiquiátricos, el ingreso hospitalario u otras opciones.

A mí me dijeron que tendría que ir a la consulta cada dos semanas. Estaba grave, pero al ser una clínica de la Seguridad Social no podían verme tan a menudo. También tuve una vista con la psiquiatra, la cual me recetó unos antidepresivos con la intención de que se me hiciera más amena mi recuperación y no hiciera tanto esfuerzo mental. Además, me amenazaron con ir a un hospital de día si continuaba perdiendo peso. Eso me asustó un poco, pero por dentro me reconfortó. Estaba por fin lo suficientemente delgada, tanto como para que mi vida corriera peligro y fuera necesario ingresar.

Fui durante meses a terapia. En ese periodo de tiempo empecé a aceptar que tenía un problema e intenté mejorar algunas conductas. Se acabó el ayuno por completo, nada de objetos punzantes que me tentaran a autolesionarme y, por supuesto, nada de ejercicio excesivo o vómitos. Tenía controles semanales con mi enfermera para vigilar que no bajara más mi peso. Eran horribles. Normalmente, a las personas con anorexia no se les dice el peso, ya que el impacto de un número en tu cabeza puede hacerte empeorar. Por algún motivo, a mí me lo decían semanalmente. Era un suplicio cada martes al mediodía cuando me pesaban y me decían que había engordado unos gramos. Esa cifra me trastocaba por dentro, no entendía por qué engordaba si comía sano y hacía deporte. También tuve que contárselo a mis amigas, quienes continuamente insistían en preguntarme qué me pasaba. Sabían que algo iba mal. Cuando finalmente les dije lo que me ocurría, me ofrecieron apoyo y ayuda por si en algún momento la necesitaba, aunque creo que cuando lo dijeron sabían perfectamente que no iba a ser fácil abrir mi propia caja de pandora. Guardaba mi trastorno como un secreto morboso que nadie era digno de descubrir.

No puedo recordar demasiado de esos meses, la mente es lista y borró muchas situaciones dolorosas y traumáticas, como cuando rogué llorando a mi madre que no me obligara a comer, o cuando me desmayé en un centro comercial debido a muchas horas de ayuno y mis amigas me regañaron; cuando cada noche una cuchilla cortaba mi piel a causa de la culpa que me provocaba la comida, o cuando una voz oscura invadía mi mente y me obligaba a vomitar toda la comida que ingería.

Fueron muchos meses de visitas, horas que me parecían estúpidas, insignificantes y muy lentas. Solo quería salir de esa fría y claustrofóbica consulta que, según yo, no me ayudaba en nada.

En verano, recaí. Cuando uno se va de vacaciones pierde el control de su rutina y eso me causó demasiado estrés. Estaba harta de estar mal y no quería seguir luchando. Me había rendido. Pero de alguna manera mis seres queridos consiguieron hacerme seguir adelante. Cuando pensaba que todo iba más o menos bien y que podría salir poco a poco de aquella mierda, una recaída se me echó encima, como una avalancha de nieve que lo cubría todo.

Esa misma Navidad, cuando volví a creer que me recuperaba, un familiar murió. Y adivinad qué. Otra piedra se interpuso en mi camino, y volví a sentirme frustrada y agotada. Sentía pena, pena por mi abuelo paterno, por mi padre y por mí. No creía que todo esto me fuese a volver a pasar. Antes de que pudiera levantarme del suelo y recuperarme de la recaída, otro suceso trágico pasó. Un profesor de mi colegio tuvo un intento de suicidio minutos después de que hablara con él. Esa fue definitivamente la mayor recaída que tuve nunca. Sabía que iba a volver a ser difícil remontar, pero nunca esperé que todo eso fuera a ir tan lejos. Los especialistas que llevaban mi caso decidieron que lo más recomendable era ingresar en un hospital de día, debido a que su intervención ambulatoria no podría ayudarme más. Así que empecé una nueva etapa de mi vida.

El día que nos comunicaron en consulta a mi madre y a mí que era candidata a un ingreso, fue devastador. Toda mi familia tuvimos miedo, estábamos asustados. Lloramos, gritamos y nos consolamos mutuamente.

Días después mi madre dijo algo que me marcó de por vida:

—Mónica, tienes dos opciones: seguir haciendo terapia, sin demasiados progresos, cero motivaciones y una vida con recaídas constantes y miedo presente; o bien ser valiente.

Dar un paso hacia adelante y tomar el ingreso como una oportunidad para curarme, aceptando todos los obstáculos y adversidades que se me antepusieran. Una oportunidad que nunca se me volvería a presentar y, o tomaba ahora, o se me escaparía y no volvería nunca más.

Para todas las personas que tenéis un TCA: tendréis recaídas aseguradas en algún momento de vuestra vida. Y cuando una viene detrás de otra es muy difícil volver a tener esperanza en la recuperación. Pero con la mente fría, pensad «Si he podido superar las otras, ¿por qué esta vez va a ser diferente?» Quiero decir, bajones vamos a tener siempre. Y está bien estar mal, está bien sentirse devastado. Pero se debe luchar, y no luchar por nadie ni nada, sino por ti. Por cómo eres, por la persona que serás, y por intentar devolver un poco de felicidad y alegría a ese niño o niña pequeña que ahora está pasando por un mal momento.

Capítulo VI

Paso a paso

En el periodo en que las personas anoréxicas ocultan su enfermedad, sus conductas y sus síntomas están en auge. Suele ser el momento en que más peso pierden, en el que más delgadas están y su vida corre más peligro. Tienen libertad para hacer todo cuanto quieran, para saltarse comidas sin ser vigilados por sus padres o para hacer ejercicio excesivo. En definitiva, tienen vía libre para adelgazar todo lo quieran, porque sus familiares aún no han descubierto su obsesión por verse más delgados.

Cuando se empieza un tratamiento terapéutico a un paciente enfermo por TCA, los profesionales intentan ir reduciendo las conductas compensatorias. Les exigen a los padres que vigilen a sus hijos, que les obliguen a comer, que no hagan demasiado ejercicio o que no vomiten ni ingieran laxantes. Y cuando el sujeto empieza a aceptar su problema, y quiere cambios, también intenta ir dejando las conductas hacia un lado para irse recuperando. Aunque da miedo. Y, ¿a qué tenemos miedo?

Pues exactamente a lo que os imagináis. A engordar.

El sentimiento de saber que has engordado es horrible. Solo quieres volver al peso que tenías antes. Volver a ese cuerpo huesudo. Lo ansían. Lo ansiaba. Quería volver a dejar de comer, a matarme de ejercicio, a vomitar o escupir todo lo que entraba por mi boca. Pero sabía que, de alguna forma, no podía volver a hacerlo. No podía, era demasiado duro, demasiado complicado, y no tenía la suficiente fuerza ni voluntad para empezar a adelgazar de nuevo.

No me quedó otra que empezar a aceptar que mi cuerpo estaba volviendo a un normopeso (peso que se considera estable y sano), y eso me frustraba mucho. Estaba cansada de estar enferma, de controlar todas las comidas. Sobre todo, de que aquel parásito que se había instalado en mi cabeza dirigiera mi vida. Quería aniquilar a ese bicho, pero tenía que pagar un precio. Dejar el control a un lado y aceptar que iba a recuperar parte del peso que había perdido. Aunque, en mi interior, me negaba a aceptar que eso iba a pasar. A mí, no. Yo era diferente. O eso creía.

¡Qué ingenua era! Yo era exactamente como los demás. Subí unos kilos debido a que dejé a un lado el ejercicio compulsivo y empecé a ingerir las calorías que mi cuerpo necesitaba. El periodo menstrual por fin volvió y ya no me mareaba tan a menudo. Las uñas dejaron de partirse a capas, y el cabello empezó a recuperar el brillo que había perdido, pero de vez en cuando, cuando me revisaba al espejo y me daba cuenta de que mi barriga era más prominente, los pómulos de la cara ya no se marcaban, mis piernas ya no eran tan estrechas, las muñecas ya no se parecían a las de una niña, las costillas dejaban de marcarse o cuando la talla 32 no me entraba, se me cortaba la respiración, me asustaba, tenía ganas de destruirlo todo, de llorar, de gritar. ¿Cómo podía haber subido de peso? Odiaba mi cuerpo; lo odio.

De verdad, deseaba recuperarme, pero a la vez no quería. Quería empezar a vivir mi vida, pero cuando dejaba el control de lado, subía de peso y eso me echaba para atrás. Volvía a hacer conductas compensatorias y recaía. Teóricamente, no podía pesarme en la báscula, pero de vez en cuando lo hacía.

La enfermera solía decirme que tenía que subir a X cifra para estar en un peso sano, y lo conseguí. Pero cuando empecé a superar la cifra que me habían asignado, fue como una estaca en el corazón. Como si el mundo se me cayera encima y me engullera un monstruo miserable que me recordaba constantemente que no tenía fuerza de voluntad y por eso estaba gorda. Sentía que era basura.

Supongo que es normal tener ese sentimiento, pero no. Me quiero recuperar, pero me da demasiado miedo. Pero al final la vida es superar esos miedos e ir derribándolos poco a poco, hasta que te dejan vivir, te dejan disfrutar de una cena con amigos, de una Navidad sin dieta estricta, de un verano con helados, sin ese monstruo que hemos creado y se ha instalado en nuestra cabeza y que, poco a poco y con ayuda, iremos excluyendo de nuestras vidas.

Si tienes problemas con la comida y estás en recuperación, siento decirte que la ganancia de peso es casi asegurada. Obviamente, no os volveréis obesos, no engordaréis estrepitosamente, pero es necesario que primero el cuerpo esté sano para sanar la mente. Da miedo recuperarse, dejar a nuestra «amiga» (la anorexia) de lado, la que nos da el control y seguridad en todo. Tienes que aceptar que engordarás. Durante los próximos años tu cuerpo cambiará y no pasa nada, es completamente normal. Es una evolución. Lo único que, para nosotros, los que hemos sufrido un TCA, es bastante más difícil aceptar esos cambios. Pero os aseguro que los momentos que he conseguido silenciar a ese bicho dentro de mi cabeza han sido mágicos, sin preocupaciones, sin esa fatiga constante, solo yo y mi vida. No digo que sea fácil; es muy duro y un proceso demasiado complicado y hay que darle tiempo. Pero hacía tiempo que no recordaba lo que era vivir sin esa voz, y me encanta esa sensación de libertad.

Capítulo VII

Mis dos yo

Cuando empeoré y entré en el hospital de día, lo primero que le dije a mi terapeuta era que había dos Mònicas. Una de ellas era la amiga leal, la estudiante ejemplar, la hija única perfecta, la niña que siempre estaba alegre y sonriendo. Esa Mònica fingía constantemente, escuchaba los problemas de todo el mundo y nunca decía si ella estaba bien o expresaba qué le pasaba. «Estoy bien, de verdad», solía decir. Quedaba con amigas, aunque no me apeteciera, porque debía hacerlo, me obligaba. Estudiaba para todos los exámenes para sacar buenas notas, y me exigía mucho. Pero eso era de cara al exterior. En cuanto llegaba a casa, la otra Mònica aparecía.

Esa otra yo era todo lo contrario. Nunca aparecía una sonrisa en su boca, estaba de mal humor, se autolesionaba porque la superaba el esfuerzo mental que hacía. No podía seguir fingiendo. Era muy agotador llevar una doble vida. Creeréis que es estúpido, pero era así. Fingía todos mis sentimientos, luchaba por aparentar que estaba bien y eso me desgastaba.

Fingía para no preocupar a los demás, para no asustar a mis seres queridos con mis pensamientos anoréxicos. Pensaba que, si les decía que deseaba un cuerpo huesudo parecido al de un esqueleto, me juzgarían. Pero, sobre todo, lo que no quería era preguntar. Preguntarme a mí misma cómo estaba, qué me pasaba. Me asustaba la respuesta y reprimía mis sentimientos. Fingir era más fácil.

Mi terapeuta dijo que no era normal el esfuerzo que estaba haciendo, que era sobrehumano. Sinceramente, pensaba que estaba exagerando. No era para tanto hacer ver que estaba bien cuando en verdad lo único que quería era perder peso, vomitar todos los alimentos que había en mi estómago, hacer deporte hasta desmayarme o cortarme los brazos o piernas para olvidar todo lo que mi mente me hacía pensar. Maldita cabeza, estaba enferma, me estaba engañando.

Después de dos años fingiendo, por el camino había olvidado quién era yo. No me conocía, había olvidado lo que de verdad me gustaba o lo que antes no hacía para compensar calorías. Antes disfrutaba de un paseo por la montaña, ahora solo pensaba en cuántas calorías quemaría.

Aunque era más fácil fingir que todo iba bien, mi energía se estaba acabando. Tenía tan poca que me habían tenido que ingresar en un hospital de día y todo. Así que empecé mi camino de autoconocimiento, tenía que descubrir que verdaderamente qué me gustaba y quién me hacía feliz. Tenía claro que el parásito de mi cabeza no me gustaba, no era feliz con él. Lo primero que tenía que hacer era mostrar mis sentimientos. Eso implicaba que si estaba mal lo tenía que mostrar a los demás, y si estaba contenta también.

El primer día que lo hice mucha gente de mi entorno me preguntó qué me pasaba, si estaba bien o si quería hablar del tema. Me dio mucha rabia. Por una vez que expresaba cómo me sentía y no fingía, ¿por qué todo el mundo parecía tan sorprendido con que pudiera estar mal? ¿Era tan difícil comprender que estaba mal, que tenía un mal día? Pero era entendible, quiero decir, llevaba mucho tiempo sin mostrar ningún rastro de debilidad, era fuerte y siempre estaba bien.

Poco a poco y con mucha terapia fui abriéndome a mis seres queridos. Empecé a decirles cómo me sentía. Lo que necesitaba, aunque me diera vergüenza: si necesitaba estar sola para encontrarme conmigo misma, si quería compañía e incluso si no quería quedar cuando no me apetecía. Intenté no autoexigirme tanto con los estudios, pero no hice demasiados progresos.

En poco tiempo descubrí mucho de mí misma:

-Me encanta ver series, sobre todo las de médicos.

-El viento frío empapando mi cara me hace sentir viva.

-Me gusta pasar tiempo sola, cuidándome.

-La escritura es mi forma favorita de expresar cómo me siento.

-Amo bailar.

-Amo los sonidos de la montaña.

-Las clases de baile con mi profesora de ballet hacen que me olvide de mis problemas.

-Me gustan mis pestañas, mis ojos, todo mi rostro.

-Me encanta sentarme en una terraza a tomar algo con la gente que quiero. Me reconfortan los viernes con mis amigas.

-Me gustan las charlas que tengo con mi madre después de comer acompañada de un café.

-Adoro la luna.

-Me flipan las películas de fantasía.

-Me gustan las bromas de mi padre.

-Adoro las siestas domingueras con mi pareja.

-El Esplai es imprescindible en mi vida.

-Me encanta hablar en público, hacer reír a la gente, ayudarlos en lo que pueda.

-La ciencia me fascina.

-Me gusta disfrutar de comidas que, hace tiempo, no me atrevía ni a probar.

-Me apetece descubrir texturas, olores y sabores.

-Odio las distancias, necesito a mi gente cerca. Me hace sentirme segura.

Es importante conocerse a uno mismo. Saber qué te gusta, qué te hace sentir vivo. Averiguar qué cosas te disgustan, qué te da asco. Decirle a la gente de tu entorno cómo te sientes, qué necesitas. Haz un viaje, una excursión, una tarde dándote mimos, escuchando música, haz una lista de cosas o experiencias nuevas que quieres hacer. Lo que sea. ¿Quién eres? Te hago esa pregunta. Ahora respóndete.

Yo soy valiente, ese tipo de persona que no se deja pisotear por nada ni nadie. Soy fuerte, somos fuertes. Todos los anoréxicos somos mucho más fuertes que la otra gente. Hemos pasado o pasaremos por muchos años de sufrimiento, de recuperación, incluso es probable que parte de esta enfermedad siempre sea parte de nosotros. Y es un trastorno mental complicado. Conlleva mucho dolor con él. La esperanza se pierde, se esfuma, desaparece. Por eso, los que hemos o estamos superando esta enfermedad somos unos jodidos superhéroes.

Capítulo VIII

La mejoría

Los cinco meses que estuve en el hospital de día marcaron un antes y un después en mi vida. Aprendí muchas cosas. Aprendí que no soy un caso perdido. Tenía capacidades para mejorar, para recuperarme y mostrar al mundo la increíble persona que soy. Hubo fases en esos meses. Al principio, el enfermero me dijo que tenía que hacer un registro de todo lo que comía, si me acababa el plato entero o no. No me gustaba, cuando miraba ese papel recordaba todas las calorías que había ingerido en el día y eso me abrumaba, me hacía sentir culpable.

Nunca estuve en protocolo por TCA. Es un protocolo en el cual chicos y chicas con TCA tienen una serie de normas estrictas, porque su vida corre peligro debido a su infrapeso. Eso me hacía sentir inferior. Quiero decir, los TCA son enfermedades muy competitivas y ver que otra gente estaba más delgada y peor que yo me hacía sentir mal. Suena como si quisiera llamar la atención, como si quisiera estar enferma. Y es exactamente así. Quería estar enferma, quería estar delgada, a veces aún quiero. Cuando se lo conté a uno de los profesionales del hospital me dijeron que tenía que intentar agradecerme a mí misma por no estar tan mal. Yo podía disfrutar del deporte, de comer variado o de salir con mis amigos y eso era debido a que yo estaba mejor que ellos. Aunque me hizo sentir una terrible envidia hacia aquellas personas, fue una muy buena noticia. Mi cuerpo estaba sano, mi mente aún estaba en proceso.

Era verdad, mi cuerpo y mente estaban mejor que los de los otros pacientes. Podía hacer cuanto quisiera. Bueno, dentro de un límite. Si no me apetecía merendar, no lo hacía. Al estar el normopeso tenía esa libertad. Pero el desayuno, almuerzo y cena eran obligatorios. No había discusión. También podía hacer deporte, al contrario que los que estaban en protocolo. Estaban tan delgados que, si perdían más peso y hacían algún tipo de actividad física, su vida podría correr mucho peligro. Yo bailaba sin parar, caminaba, nadaba o saltaba sin que ningún médico me lo prohibiera.

Utilicé el arte como una especie de terapia. Pintar cuadros era muy relajante, pero lo emocionante era entregar mis obras a la gente que quería. Me halagaban, decían que eran preciosas y que tenía talento. Eso me hacía sentir bien, muy bien. Era capaz de hacer algo más que no fueran intentos o planes para adelgazar o autolesionarme. También utilizaba la escritura. Realmente hacía textos muy buenos, y me gustaba. Expresar mis sentimientos, mis inquietudes en el papel era otra forma de terapia no tan convencional, pero a veces me ayudaba más que no el hablar. Nunca cuento mis problemas o pensamientos a casi nadie, y poder desahogarme era como vaciar un poco mi cabeza de todas las cosas malas antes de que mi mente colapsara. Explicar a la gente lo que pienso o siento me da mucha vergüenza, supongo que por eso no solía contar que me quería ver extremadamente delgada y que si moría en el intento me daba absolutamente igual, que me gustaba la sensación de dar miedo porque me parecía a un esqueleto. Iban a juzgarme y a pensar que estaba loca, y pasaba de dar explicaciones.

Las sesiones con mi terapeuta eran difíciles. No se compadecía de mí en absoluto, no le daba pena como a la demás gente, no se aterrorizaba cuando le contaba mis pensamientos anoréxicos. Con él la manipulación a la que estaba acostumbrada a tratar a los demás no funcionaba. De algún modo si mentía me pillaba, entonces empecé a decirle la verdad y solo la verdad. Textualmente, me dijo «No te calles las cosas por mí si me preocupas, literalmente me pagan para escucharte, deja de proteger tanto a los demás y preocúpate un poco por ti». Sí, un hombre muy directo, pero era exactamente lo que necesitaba; que alguien me hiciera abrir los ojos de una puñetera vez.

Me hacía sentirme cómoda, y mira que era un hombre. Con ellos me costaba abrirme, supongo que fue porque nunca había hablado de mis problemas con mi padre y en consecuencia pensaba que ellos, los hombres, no podían ayudarme. Creía que ellos no comprenderían mis problemas y por ello no me molestaba ni en preguntárselo. Después de muchas sesiones de terapia familiar, pude integrar a mi padre en mi vida; ya no lo excluía. Le dije que lo necesitaba. Necesitaba que estuviera presente, que me dijera que me quería, que fuera un padre que entendiese lo que le pasaba a su hija. Y lo hizo. Pasamos de ser mi madre y yo contra el mundo a ser tres. Ahora éramos tres, éramos una familia. Lo somos.

Tuve que empezar a aceptar que nunca iba a ser perfecta. Nunca iba a tener el vientre plano, las piernas estrechas o la clavícula extremadamente marcada. Simplemente, no podía ser perfecta. Tenía que elegir: ser feliz con un cuerpo imperfecto o seguir estando muerta en vida con una voz muy pesada y malévola, atormentándome en cada momento de mi existencia.

Admito que echo mucho de menos a ese hombre que me cambió la forma de vivir. Di ese paso que a muchos asusta. Escogí vivir, escogí que esa voz a la que yo llamo parásito y está en mi cabeza dejara de controlar mayormente mi vida. La verdad es que la opción de dejar de pensar únicamente en el peso era muy tentadora. Daba mucho miedo, obviamente, pero estaba realmente agotada y no estaba dispuesta a vivir mi vida estando atada a esta espantosa enfermedad.

Escuché los pájaros cantando por mi lado, el murmullo de los coches circulando, la voz de mi dulce madre hablando sobre cómo le había ido el trabajo. Estaba tomando un café, era amargo y estaba frío, me gustaba su sabor. Ese día, el día que me dieron el alta, supe que estaba empezando a vivir de nuevo. Ya no estaba muerta, ya no más, nunca más. Estaba disfrutando. Disfrutando de mi vida, de una charla con mi madre en la playa. No me lo podía creer, sentía cómo la sangre volvía a circular por mis venas, ya no recordaba lo que se sentía al estar así, viva. Tenía ganas de saltar, de reír, de bailar, de llorar, de alegría. El sol estaba hermoso, el viento levantaba la arena y las olas rompían con fuerza en la orilla. Era perfecto.

Entonces, fui consciente. Mi TCA aumentaba cuando estaba mal anímicamente. Lo estaba utilizando cuando me pasaba algo malo. Utilizaba mis síntomas para refugiarme del dolor y para no pensar en cómo estaba. Me di cuenta de que mi TCA era el síntoma y no la causa. Usaba mis conductas y pensamientos para ocultar mis problemas: mi carencia de autoestima, mi obsesión por ser perfecta, mis inseguridades. Cuando estoy frágil, revive la voz y me atormenta y debo ser fuerte y luchar mucho para volverla a enterrar.

No digo que sea igual en todos los pacientes, pero en mi caso fue así. Estuve dos años viviendo por y para verme delgada, mi enfermedad finalmente se hizo parte mí. Y creo que siempre lo será, siempre habrá una pequeña parte enferma.

Cuando vi que había la posibilidad de volver a ser mínimamente feliz, me aferré a ello. Y aunque me dé miedo y aún no esté curada, ahora disfruto de mi vida. De mis amigos, familia y pareja. El otro día incluso disfruté de hacer un resumen de historia. Es loco, lo sé. Pero es así. Gozo de cualquier cosa, ahora ya no tengo tan a menudo esa vocecita y eso es alucinante, me siento libre. Sí que es verdad que cuando un familiar se me muere, mis amigas van de intercambio a la otra punta del mundo, tengo una pelea con alguien o un gran cambio aparece en mi vida, mis síntomas vuelven. La voz empieza a hacer de las suyas de nuevo. Y tengo que parar un momento, respirar y preguntarme qué me pasa, qué está ocurriendo, para poder solucionarlo.

He descubierto que una vida sin anorexia, sin control, es mucho más emocionante y por supuesto, no tan agotador. Quiero vivir. Estoy empezando a vivir de nuevo. He salido de una cueva muy oscura en la que muchos chicos y chicas yacen, donde el único objetivo era ser delgada, y, si soy sincera, echaba de menos la luz del sol calentando mi cuerpo.

Capítulo IX

Recaída

Escribo este capítulo desde una recaída. Me siento devastada, sin ganas de nada más que que todo se acabe, que el cuerpo horrible que veo en el espejo no sea mío y todo sea una pesadilla.

Quiero que el viento me tire al suelo, porque ya no me puedo sostener más. Mi mente ya no puede, está cansada de volver a fingir que todo está bien y siempre tener que estar para todo el mundo. Ya no lo aguanto. ¡Quiero abandonar!

Me siento sola. Tengo la sensación de que todo va a ir mal, muy mal. Estoy agotada. Estoy volviendo a hacer conductas compensatorias, estoy de mal humor, tengo sueño a todas horas y por si fuera poco, las ganas de cortar mi piel y autolesionarme no hacen más que crecer.

El otro día caí fondo, muy fondo. Sentía que estaba en un agujero muy profundo y oscuro, no había manera de salir de ahí. Nadie me entendía. Entonces, supe que estaba recayendo. Supe que solo había una opción, y esa era levantarme, porque ya estaba completamente de rodillas en el suelo.

Quiero volver a sentirme libre, pero no sé cómo salir de aquí. Mis seres queridos ofrecen su ayuda, aunque solo pueden acompañarme. El trabajo lo tengo que hacer yo. Estoy aceptando que he subido de peso, que no soy perfecta. Cuando me miro en el espejo me vuelvo a ver gorda. La voz está volviendo. No paro de revisar mi reflejo, autoconvenciéndome de que no estoy tan mal, tan gorda, pero el parásito no hace más que advertirme que no es cierto. Hago conductas autodestructivas como revisar fotografías de mi cuerpo en el punto más álgido del TCA. O me pruebo ropa de ciertas tallas que ya no uso para machacarme y hacerme daño, porque eso es lo que dice la voz que merezco, daño por haber subido de peso.

Sé que esta es una recaída como otra más, pero ahora parece que es el fin del mundo, que nunca voy a poder salir del bucle. Aunque esté derrumbada, no me voy a rendir. Me voy a dar el tiempo justo y necesario para estar mal, para recaer y, cuando esté lista, voy a luchar contra mí misma, contra mi enfermedad, contra la anorexia. Voy a encerrar esa voz o al menos a bajarle el volumen, porque me merezco disfrutar de la vida. Vosotros también os lo merecéis. Lo sé, lo sé. Es fácil decirlo, pero difícil hacerlo. Sin embargo, la vida es compleja. ¿Qué le vamos a hacer? A nosotros nos ha tocado vivir con esta mierda de enfermedad mental y la única opción que tenemos es luchar contra ella. ¿Lo tomas o lo dejas?

Yo lo tomo. Voy a comerme al TCA, lo voy a engullir, a destruir. Voy a ser mejor que él, más ágil, y aunque haya un tira y afloja, aunque habrá momentos en los que él vaya ganando y yo esté exhausta, no me voy a rendir tan fácilmente.

Valgo mucho, lo valemos. La lucha contra este monstruo es interminable y constante, pero, aunque esté escribiendo estas palabras mientras me odio y repugno mi cuerpo, sé que la mente me está haciendo pasar una mala jugada. Que mi cuerpo es válido como el de cualquier otro y sí, voy a estar bien. Lo prometo. O al menos lucharé tanto como me sea posible. Voy a disfrutar tanto cuanto pueda de la vida hasta la próxima recaída y cuando esta se avecine voy a enfrentarla de cara. Tengo ganas de dejar de preocuparme tanto por todo, y para eso debemos ocuparnos de los problemas y no preocuparnos por ellos.

Si estás leyendo esto mientras pasas por una recaída, déjame decirte lo siguiente: vas a estar bien. Es un momento horrible, una basura que nadie de tu entorno puede comprender. No sabes cuándo la pesadilla va a acabar, pero, como he dicho antes, el trabajo solo lo puedes hacer tú solo. Aunque sea vergonzoso o humillante, déjate ayudar. Ponte en manos de tu terapeuta, amigos o familia, pero sí o sí tienes que buscar una solución. No puedes dejar que la enfermedad te consuma. ¡No lo hagas! Vuelve a retomar las cosas que te ayudan, que sabes que te van bien, aunque tengas pereza y ya no quieras o tengas fuerzas para recuperarte y, si aún no has descubierto cómo hacer tu recuperación más amena, descúbrelo, prueba cosas nuevas y algo te ayudará, estoy segura. Eres persona y te mereces vivir tu vida. Sí, incluso con esas lorzas en la barriga o celulitis en las piernas. Efectivamente, me merezco vivir. Y estoy segura de que tú también.

Capítulo X

A la mierda ser perfecta

Aún tengo la duda inquietante de cuánto habré engordado estos años. No quiero ni imaginar la cifra que aparecería en la báscula que me ha acompañado durante tanto tiempo. Me da mucho miedo.

Sé que he subido de peso, no soy tonta. Lo puedo ver en la ropa que usaba años atrás y que ahora no me entra, o en las estrías que recorren mi cuerpo. La gente dice «Mònica, ahora estás más guapa, antes dabas miedo y nos preocupabas mucho». Y sí, puede ser que sí, pero nunca olvidaré el cuerpo huesudo que todavía anhelo. Creo que siempre lo recordaré. Sí, están las fotos o vídeos de esa época, pero lo que más recuerdo era esa sed de adelgazar. De ser perfecta y gustar a la gente. Esa carrera por conseguir la cifra perfecta. Pero la verdad es que cuando llegas a la meta, quieres más, anhelas más, necesitas más. Nunca, nunca habrá suficiente delgadez en una persona anoréxica.

Mi mayor complejo siempre había sido el abdomen y, cuando mínimamente pude convivir con esa parte odiada de mi cuerpo, empecé a obsesionarme con mis muslos. A veces siento que esta enfermedad nunca me va a dejar en paz, y estoy sumamente cansada de compararme con la gente. Y, por si no fuera poco, los pantalones que ya no me entran solo hacen que me reproche, además de alimentar la voz que me hace estar enferma.

Si convivir con un TCA ya es difícil de por sí, imaginaos lo que es tener que justificarse por los cambios de tu cuerpo al sanar. Dios, qué mal se sienta cuando hacen algún comentario intentando ayudar tipo «Ay, qué bien que estás ahora, se nota que has vuelto a comer y estás mejorando», y sé que lo hacen con buenas intenciones, pero lo único en lo que pensamos los anoréxicos cuando nos sueltan esas palabras es «Mierda, se nota que he engordado, debo bajar ya de peso», o «No estoy mejorando, solo como para no fallecer, estúpida». Oh, sí, la negación a mejorar puede durar mucho tiempo.

Cuando estás en infrapeso y poco a poco llegas a tu peso normal asusta, sabes que es lo correcto, pero lo niegas. No quieres que tu cuerpo anoréxico cambie por nada del mundo. Pero, ¿y si superas la cifra que los especialistas te han dicho que debes pesar para estar sana? Pues es horrible.

Te sientes asquerosa.

Te odias.

Odias haber subido de peso.

Te sientes culpable.

Te preguntas cómo ha podido pasar, cómo has sido capaz de perder el control. Encima, los profesionales y familiares están contentos porque tu vida ya no corre peligro. Estás en un peso correcto. Y eso significa que has engordado. Pero tu mente solo está pensando y recordando en qué momento, en qué día, perdiste tu cuerpo «soñado» y ahora vives con una bola de grasa sucia.

Pero recuerda, ¿ese cuerpo era vida? ¿Erais felices con tanta autoexigencia? ¿Teníais energía para disfrutar y vivir vuestra vida?

Es muy intensa la impotencia que se siente cuando la gente de tu alrededor piensa que ya estás curada solo por estar en normopeso. Como ya no aparentas estar enferma, la gente deja de preocuparse, de preguntar. Da por sentado que ya estás curada. Y ni mucho menos. Todavía me cuesta verme al espejo y no desesperarme por cómo de ancha me veo, cómo de gorda me visualizo y cómo de asquerosa y sucia me siento. A veces, cuando veo las fotos que han hecho durante una quedada de amigos, me asusto. Me digo «¿Cómo has dejado que esto pase?, ¿cómo te has dejado engordar?». Y realmente ya he asumido que no volveré a ser la chica huesuda de antes. Tampoco me malinterpretéis, aún lo echo de menos, pero recuerdo el dolor que se pasaba y no se lo deseo a nadie.

Todavía encuentro mil y un defectos en mi cuerpo. Todavía me cuesta verme según con qué ropa. Todavía me cuesta no sentirme culpable después de comer un dulce. A veces, todavía me cuesta encontrar fuerzas para seguir luchando contra mis demonios. Creo que llega un punto en la recuperación que se debe dejar de lado la idea de la perfección. Todos por lo que hemos pasado esta enfermedad sabemos que nunca va a haber suficiente porcentaje en nuestra escala de perfección. Entonces tienes que aceptar que nunca en la vida serás perfecta. Habrá épocas en las que te veas y te sientas mejor dependiendo de tu alimentación o hábitos, pero jamás serás perfecta para todo el mundo. Entonces, sé perfecta para ti, o mejor aún, envía a la mierda lo de ser perfecta porque si entregas tu vida en la búsqueda del tesoro de ser perfecta te perderás a ti y perderás tu vida, la vida y el futuro que te espera.

Empieza a tratar a tus complejos como a un viejo amigo y busca un par de hábitos saludables que te hagan sentir mejor con tu cuerpo y mente. Así, poco a poco y con paciencia, amor propio y terapia, irás derrotando al parásito que antes no dejaba de criticar todo aquello que eras.

No quiero que penséis que es un proceso fácil, porque no lo es. De hecho, yo aún ni siquiera estoy por la mitad del camino. Empiezo a tolerar mi reflejo e incluso hay veces en las que no me acaba de desagradar lo que visualizo frente al espejo, aquel que tanto daño me ha causado y tantas lágrimas me ha visto derramar. Aún no he conseguido quererme, se debe ser fuerte para conseguirlo, necesitas la mente sana para hacer ver a tu yo interior que no todas las imperfecciones que ves en tu cuerpo son defectos.

Capítulo XI

Marcas de guerra

Tengo unas veintiuna cicatrices en los muslos de mis piernas. Unas dieciocho en mis antebrazos. Pero no solo me ha dejado esas cicatrices la anorexia, sino que también me ha dejado un miedo irreversible a ciertos alimentos, me ha dejado el esófago irritado y los dientes dañados de tanto vomitar, me ha dejado una adicción a mirarme al espejo. Me ha dejado un temor horrible a engordar y a volverme obesa. Una angustia que me provoca arcadas y dolores de cabeza cuando huelo frituras. Ganas de huir corriendo cuando me toca comer pasta u otros carbohidratos. Me ha dejado anemia. Me ha dejado destruida.

Esos son algunos de los ejemplos con los que la gente que estamos o estuvimos con TCA convivimos en nuestro día a día. Es una mierda. Tal cual. Pero, ¿qué le vamos a hacer? No podemos cambiar nuestro pasado, pero podemos hacer más ameno nuestro futuro. Porque sí, os voy a hacer el spoiler de vuestra vida: el TCA nunca se llega a ir del todo. Puedes comer variado y sano, ingerir las calorías que necesita tu cuerpo para estar sano o hacer ejercicio moderado, que siempre va a haber esa vocecita susurrándonos cosas. «No comas esto, esto otro no te hará engordar tanto» o «¿En serio vas a disfrutar de comer esa *pizza* sin haber quemado antes las calorías?». Esa voz es más leve, susurra, más fortuita, pero nunca se va a ir. No se le puede matar. Solo la puedes mandar a callar, e incluso hay veces que te gana y vuelve por un tiempo a ser tan pesada y cansina como antes. Básicamente, nunca te va a dejar de perseguir. Nunca te vas a curar del todo. Desde fuera, puede parecer triste. Lo es. Pero verdaderamente creo que es más que triste. Duele saber que nunca estarás bien del todo. Es duro para nosotros, los enfermos. Es duro volver a llevar una vida «normal», sin restricciones, y que de repente venga otra vez la maldita voz, el maldito parásito mezquino. Se nos cae el mundo encima. Pensábamos que lo teníamos superado joder. Que habíamos ganado. Pero jamás va a ser así. Siempre va a quedar metralla en tu cuerpo de ese tiroteo del cual tanto te costó sobrevivir. Esa es la mayor consecuencia que deja la anorexia.

Me odiaba, me odio. Nunca voy a quererme totalmente y es algo que hay que aceptar. La anorexia marca un antes y un después en la vida del paciente. Rompe todos los sueños que tengas. Te rompe, te rompe en mil pedazos y nunca vas a poder juntarlos todos. Eso nos hace maduros, nos prepara mejor para enfrentarnos a la vida. Tenemos ventaja porque hemos vivido situaciones que no tocan para nuestra edad. Muchos adolescentes no saben lo que es cortar su piel con una cuchilla porque el sufrimiento interior con el que conllevas día a día derriba tu fortaleza. No es nuestra culpa estar enfermos. Nos ha tocado y ya. Siempre desearemos estar delgadas y perfectas, pero es parte de la recuperación ver que es inviable. No se puede tener todo.

Me elijo a mí. Elijo a mi familia, a mis amigos, a mi pareja, a mi futuro. Elijo vivir. Todos tenemos derecho a vivir sin esa voz.

Claro que echo de menos el cuerpo que tenía con infrapeso. Pero ya no es viable. Ya no puedo volver a pasar por ese infierno, porque no sobreviviré. Así que sí, vuelvo a elegir vivir. Quiero una vida, la vida que yo elija y que el futuro me depare, pero siempre va a haber cicatrices por mi cuerpo, siempre va a haber estrías que me recordarán cómo mi cuerpo ha cambiado, siempre va a haber un rincón para el parásito en mi cabeza. Y no pasa nada. No está mal, aunque haya momentos en que todo os supere. Porque, como dice la canción, «después de la tormenta viene la calma», y es exactamente así. En vuestra vida tendréis recaídas, altibajos y bajones. Luego, viene la mejora. Cuando se toca fondo, uno solo se puede levantar. Cuando un día va tan mal, el siguiente solo puede ir mejor. Elegid vivir. Elegid tener una familia. Elegíos a vosotros mismos. Elegid envejecer felices. La vida es demasiado corta como para solo pensar en el perfeccionismo, en estar delgados. Pensad en todo lo que habéis perdido por culpa del TCA. De esas cenas con amigos o familia, de esos planes a los que decíais que no porque os daba miedo no tener el control de la situación. De aquel día que todos se lo pasaron de maravilla y tú solo podías pensar en cómo quemar las calorías diarias. ¿En serio queréis continuar perdiéndoos esas experiencias, esos planes, esas emociones? ¿Queréis que la enfermedad os gane, o elegís vivir?

Capítulo XII

Adiós, hasta la próxima

Últimamente en mi cabeza hay la idea de mandar a la mierda el TCA y olvidarme de él. Obviamente, no es así de fácil, pero creo que puede ayudarme en el proceso de recuperación dejar por escrito todo lo que pienso de la enfermedad, todo lo que ha conllevado en mi vida y la de dolores que me ha causado. Así que creo que la mejor manera de hacerlo es escribiendo una carta de despedida:

Para mi compañero, al que odio y a veces todavía anhelo su compañía,

Hola, maldito parásito, te escribo para decirte adiós. Sé que llevamos varios años juntos y es casi seguro que nunca me voy a deshacer de ti, pero de un modo u otro me tengo que despedir de ti.

Miro atrás en el tiempo y solo veo dolor. Encuentro fotografías en el móvil de hace años y me veo destruida, con aspecto triste y cansado todo el tiempo. Me arrebataste años de felicidad. Me absorbiste durante tanto tiempo que perdí miles de experiencias por tu culpa, me hiciste sentir como un deshecho humano al que nadie nunca iba a querer. Te odio por todo aquel tiempo que me hiciste sentir niña en vez de mujer, te odio por aquellos días largos y cansados en los que apenas comía, pero en los que sí o sí tenía que terminar con deporte, te odio porque aún no puedo vivir en paz. Pero lo que más odio es que te echo de menos. Echo de menos tener el control de todo. Echo de menos mi cuerpo con infra peso. Y no te creas que tengo intención de volver a ti, ni loca. Tengo más que claro que si te volviera a dejar entrar en mi vida me volverías a enredar y sería incapaz de volver a dejarte ir. Porque, sin duda, nuestra relación era destructiva, como una especie de amor tóxico.

Lo que sí que no echo de menos de ti son aquellos dolores de cabeza, fatigas, cansancio, tristeza, ansiedad y malestar que conllevaba estar a tu lado. Y ni por asomo extraño tu voz cansina y agobiante, aunque debo admitir que de eso no me he librado aún, pero es más esporádica y no tan intensa y, aunque tengo asumido que será un síntoma crónico, aún me hace sentir segura. Me hace sentir que todavía tengo un poco de control. Tampoco echo de menos vivir con hambre y matarme a hacer ejercicio. Pero lo que sí debo admitir es que echo de menos tus resultados. Anhelo tener el cuerpo delgado que solía tener, marcado por los huesos, pálido por la falta de nutrientes, sin apenas grasa. Aparentemente, el cuerpo ideal para un anoréxico, pero no era así: me veía muy mal, me continuaba viendo gorda. Porque no era suficiente para ti, y me exigías más y más hasta que te tuve que parar, porque me estaba muriendo poco a poco. Era tal lo que me habías hecho enfermar que si no hubiera rescatado la poca racionalidad que me quedaba hubiera muerto. Y lo peor, aún me culpo por estar enferma, por haber caído en tu trampa y haber pasado estos años con tal malestar que me provocabas autolesionarme, y aunque nunca lo haya admitido delante de nadie, bajo ninguna circunstancia, incluso deseaba irme de este mundo. Porque eras realmente agotadora, pero ante todo te veía como una amiga.

Ya no más, ahora eres parte de mi pasado y desgraciadamente serás parte de mí para siempre. Pero no era mi culpa, tú eras la desgraciada que me hizo enfermar, tú eras la villana de la historia, yo y miles de personas somos las víctimas que luchamos constantemente con nuestros demonios que ya son una parte habitual en nuestra vida.

Atentamente,

Tu amiga

P.D.: Después de muchos comentarios y ser demasiado juzgada por mi enfermedad y mi aspecto, pido respeto hacia todas las personas con un TCA. No tenéis ni idea de cómo un comentario puede afectar el futuro de una persona tan enferma. Ya es demasiado difícil convivir con tantas exigencias como para que critiquéis o cuestionéis nuestro físico. Solo mostrad vuestro apoyo y ayuda en lo que podáis. No todos los que tenemos un TCA estamos en los huesos; comemos y hacemos una vida relativamente normal, estamos infiltrados entre la gente, sufriendo desde el silencio y la vergüenza de contar nuestros pensamientos enfermizos. Si tenéis interés en la historia de alguien, pedid desde el respeto que os la expliquen. No saquéis vuestas propias conclusiones ni digáis ningún comentario desafortunado que pueda doler o hacer sentir mal.

Epílogo

Aún estoy en recuperación, aún tengo pensamientos y aún tengo recaídas. Sí, así soy y no me avergüenzo. Es más, estoy orgullosa de haber podido enlazar mi historia, explicar todo lo que me he guardado estos años para mí, esos secretos oscuros que no contaba por vergüenza, por miedo. Escribo estas palabras tan duras para mí y para mi familia, para que ellos me entiendan un poco más, para abrirme por fin a ellos y que no se sientan culpables. Para que mis amigos vean cómo he evolucionado, cómo he vuelto a tener esa sonrisa tan típica en mí, cómo poco a poco vuelvo a estar viva. ¡Y tanto que lo estoy, y cómo me gusta! Porque para mí era esencial demostrarme a mí misma que soy más que una enfermedad para poder recuperarme.

Porque valgo.

Todos valemos.

Hoy en día he asumido que el TCA siempre va a ser parte de mí, va a ser mi compañero de viajes. Lo voy a tener guardado en el bolsillo trasero de mi mochila. Voy a cargar siempre con ese estúpido parásito que antes no me dejaba vivir y que ahora he aprendido a hacer callar. Pero, ¿sabéis qué? Me importa una mierda todo esto, porque ahora, poco a poco, estoy volviendo a respirar. Vuelvo a sentir mi cuerpo en marcha. Los engranajes se están quitando el óxido de encima. Me estoy volviendo a encontrar después de mucho tiempo. Me siento viva. Y sé que en algún momento voy a caer o resbalar. Ya sé qué puedo hacer porque he caído tantas veces que he aprendido por las malas a cómo levantarme otra vez. Elijo caminar, aunque en el sendero siempre haya piedras con las que me voy a tropezar. Una vida sin anorexia es lo que deseo. Deseo conseguir todo aquello que me proponga y últimamente estoy aprendiendo a creer en mí.

A no subestimarme.

A no infravalorarme.

Creo en vosotros, porque a veces necesitamos a alguien que nos diga que somos capaces de luchar aun estando exhaustos. Una vez alguien luchó por mí y el simple hecho de que alguien ajeno a mí creyera que era suficiente fuerte para derrotar a la enfermedad me hinchó el corazón de valentía, me dieron ganas de comerme el mundo, de ser valiente y empezar a respetarme y volver a la vida como si renaciera de un capullo de mariposa.

Si alguna vez una pieza del puzle de la recuperación no encaja, no defraudaréis a nadie. Solo dadle tiempo, estas cosas se hacen a fuego lento y cuantas más veces recaigáis más experiencia ganaréis; el miedo se irá y volverá, a veces vuestras energías se agotarán y querréis que todo acabe, pero, ¿no tenéis ganas de empezar a vivir tu vida? ¿De que nadie en vuestra cabeza controle vuestras acciones? No sé, solo pensadlo.

Después de un año, con lágrimas en los ojos, doy por finalizado mi mayor proyecto hasta el momento. Después de tantos borradores de lo que podría ser el libro y mucho tiempo buscando las palabras adecuadas, obteniendo opiniones de diversa gente, bloqueándome durante mis recaídas y pensando en muchos momentos que nunca podría escribir mi historia, doy las gracias a todos los que estuvieron a mi lado. A mi familia y amigos, a los que me hicieron reír cuando lo necesitaba, los que fueron mi hombro en el que llorar, a todos los profesionales que nunca tiraron la toalla conmigo, pero, sobre todo, me doy la gracias a mí misma. Por no rendirme cuando podría haber abandonado, por escoger vivir y todo lo que conlleva, por soportar tanto siendo una niña y resistir aun sin saber si siempre iba a sentirme tan mal. Gracias, gracias por haber sobrevivido.

Agradecimientos

Gracias a Anna, por ser la primera en leer el libro y ayudarme en el proceso. Gracias a vosotras, chicas, por nunca juzgarme y continuar a mi lado, aunque os tratara mal. Gracias a toda mi familia, que nunca se separó de mi lado e hizo todo lo posible por comprenderme. Gracias a Biel, por ser un gran amigo que me acompañó en todo momento y siempre confió en mí. Gracias a mi padre, por preocuparse por mí y esforzarse por entenderme.

Y, sobre todo, gracias a ti, mamá, la única que siempre ha estado a mi lado, por haberme acompañado a todas las terapias. Gracias por preocuparte por mí y nunca rendirte conmigo, siempre luchando cuando no sabías ni siquiera cómo hacerlo. Gracias por estar siempre a mi vera y nunca dejarme ir.

Índice